THE WEAPONS ENCYCLOPÆDIA

TANK AIRCRAFT AFV SHIP ARTILLERY VEHICLES SECRET WEAPON

THE WEAPONS ENCYCLOPAEDIA

PUBLISHED BY

Luca Cristini Editore (Soldiershop), via Orio, 35/4 - 24050 Zanica (BG) ITALY.

DISTRIBUTION BY

Soldiershop - www.soldiershop.com, Amazon, Ingram Spark, Berliner Zinnfigurem (D), LaFeltrinelli, Mondadori, Libera Editorial (Spain), Google book (eBook), Kobo, (eBoook), Apple Book (eBook).

CONTRIBUTORS OF THIS VOLUME & ACKNOWLEDGEMENTS

Ringraziamo i principali collaboratori di questo numero: I profili dei carri sono tutti dell'autore. Le colorazioni delle foto sono di Anna Cristini. Ringraziamenti particolari a istituzioni nazionali e/o private quali: Stato Maggiore dell'esercito, Archivio di Stato, Bundesarchiv (wikipedia/ CC-BY-SA 3.0), Nara, Library of Congress ecc. A P.Crippa, A.Lopez, L.Manes, C.Cucut, archivi Tallillo. Model Victoria (www.modelvictoria.it), per avere messo a disposizione immagini o altro dei loro archivi.

For a complete list of Soldiershop titles, or for every information please contact us on our website: www.soldiershop.com or www. cristinieditore.com. E-mail: info@soldiershop.com. Keep up to date on Facebook & Twitter: https://www.facebook.com/ soldiershop. publishing

Titolo: **SOMUA S-35** Code.: **TWE-008 IT**

Collana curata da L. S. Cristini

ISBN code: 978-88-9329079. Prima edizione novembre 2022

THE WEAPONS ENCYCLOPAEDIA (SOLDIERSHOP) trademark of Luca Cristini Editore

SOMUA S-35
E VERSIONI S-40 E SAu40

LUCA STEFANO CRISTINI

BOOK SERIES FOR MODELLERS & COLLECTORS

INDICE

▲ Somua S-35 United States Army Ordnance Museum. Wikipedia Attribution ShareAlike 2.5.

INTRODUZIONE

Il SOMUA S-35 era un carro armato in forza ai reggimenti di cavalleria francesi durante la seconda guerra mondiale. Il mezzo fu messo a punto e prodotto tra il 1936 e il 1940 da SOMUA. Insieme al carro armato pesante B1 Bis, viene sempre considerato il miglior carro armato francese disponibile allo scoppio del conflitto nel 1940.

Il Somua S-35 venne realizzato in 430 unità. Ben concepito, il mezzo era veloce, ben corazzato (costruito con sezioni di corazza inclinate e fuse direttamente) e dotato di un potente cannone anticarro per l'epoca. Tuttavia, queste caratteristiche lo rendevano anche un carro armato costoso da produrre e piuttosto complicato da mantenere in ordine.

Durante l'invasione tedesca del maggio 1940, il Somua S-35 si dimostrò un carro armato efficace e all'altezza della situazione, ma purtroppo per la Francia non fu in grado di ribaltare la situazione da solo. Dopo la sconfitta del 1940, i SOMUA S-35 furono in gran parte riutilizzati dalle forze dell'Asse, soprattutto sul fronte Est e nei Balcani. Un modello derivato dal S-35, il SOMUA S-40, fu sviluppato nel giugno 1940, esso aveva sospensioni migliorate e modifiche sia allo scafo che alla torretta; sarebbe dovuto entrare in produzione nel luglio 1940, ma non fece a tempo ad essere operativo a seguito della disfatta militare. Neanche gli accordi per la produzione di questo tipo migliorato a beneficio della Francia di Vichy, della Germania e del Giappone vennero rispettati.

◼ LO SVILUPPO

Agli inizi degli anni trenta *l'Armée de terre*, l'esercito francese, era ancora equipaggiato con vecchi carri, spesso risalenti alla prima guerra mondiale, come il Renault FT, e oramai considerati obsoleti nel teatro di un'ipotetica guerra. Venne quindi deciso di avviare un programma di ammodernamento del parco mezzi da destinare ai propri reparti, e fu in quest'ambito che venne portato avanti anche lo studio del Somua. Nel giugno del 1934 *l'Armée de terre* emise una specifica per la fornitura di un nuovo mezzo corazzato, designato Automitrailleuse de combat (AMC), destinato specificatamente ai reparti di cavalleria.

▲ Un carro Somua S-35 spostato con un rimorchio all'interno delle officine francesi Somua (Société d'Outillage Mécanique et d'Usinage d'Artillerie) con sede a Saint-Ouen.

▲ Le tre versioni del SOMUA esposte nel parcheggio della fabbrica a Saint Ouen. Da sinistra a destra: un Somua S-35, la sua evoluzione S40 che non vide poi la luce a seguito del crollo della Francia nel 1940, ed infine la versione caciacarri SAu 4, anch'essa prodotta in pochissime unità.

Le caratteristiche richieste per questi carri erano:
- peso a vuoto di almeno di 13 tonnellate;
- equipaggio di tre uomini;
- armamento composto da una mitragliatrice 7.5 mm e da cannone da 47 mm;
- dotazione di torretta Puteaux APX-1;
- corazzatura spessa almeno 40 mm.

Nel 1935 al concorso partecipò, tra le altre, la Société d'Outillage Mécanique et d'Usinage d'Artillerie (SO-MUA), una filiale della Schneider, che realizzò un primo prototipo, denominato AC2, derivato dal Carro D1 e D2. Il modello raccolse le migliori impressioni fra lo Stato maggiore militare per le buone prestazioni dimostrate dal prototipo. Un secondo prototipo denominato AC3, fu a sua volta valutato delle autorità militari competenti. La commissione incaricata lo apprezzò per le sue caratteristiche che, nonostante l'enorme massa di 19t dovuta alla corazzatura da 40 a 55 mm di spessore, si rivelò comunque dotato di ottima velocità e manovrabilità. Considerato positivo anche il suo armamento, basato sul cannone automatico L32 calibro 47 mm combinato alla mitragliatrice con funzione contraerea calibro 7,5 mm.

Ebbe così inizio la produzione di una preserie di quattro veicoli, migliorati rispetto al 3° prototipo e denominati AC4. Questi primi veicoli erano dotati della torretta standard APX-4, munita di cannone 47 mm SA 34. Il 25 marzo 1936, il modello venne accettato come carro medio standard in dotazione alla cavalleria, con il nome di Automitrailleuse de Combat modèle 1935 S (o AMC 1935 S), e fu impartito un primo ordine di 50 esemplari. Il carro, già all'epoca della sua comparsa, fu più comunemente conosciuto con il nome di SOMUA S-35, dove 35 stava per l'anno di realizzazione.

I veicoli di serie riceveranno un cannone SA 35 più lungo. Il progetto originale prevedeva una produzione totale di seicento esemplari, tanti da poter fornire a ciascuna delle tre divisioni corazzate di cavalleria duecento carri armati per reparto. In seguito, le restrizioni di bilancio portarono all'adozione di un approvvigionamento più graduale e limitato. Nel 1936 fu effettuato un secondo ordine di cinquanta esemplari, seguito da cento nel 1937 e da due ordini di 125 esemplari ciascuno nel 1938, per un totale di 450 unità ordinate prima della guerra

■ CARATTERISTICHE TECNICHE

La tecnica costruttiva era di tipo innovativo, dato che lo scafo del mezzo risultava essere composto da tre sezioni, ciascuna ottenuta da una singola fusione, imbullonate tra loro, che assicuravano un'ottima protezione dai colpi degli avversari, con l'armamento principale in torretta girevole a 360°, un treno di rotolamento robusto ed efficace e un apparato motore, un V8 a benzina in grado di sviluppare 190 hp, idoneo a fornire la potenza sufficiente a garantire un'elevata velocità e una discreta autonomia funzionale.

Il SOMUA S-35 fu un carro talmente considerato che le sue caratteristiche verranno riprese in seguito da diversi altri carri quali l'M4 Sherman americano.

L'equipaggio era composto da soli tre componenti (capocarro, operatore radio e pilota), dislocati in un'unica camera di combattimento sprovvista di separazioni. L'equipaggio accedeva al carro attraverso una botola situata sul lato sinistro. Era inoltre presente un'altra botola di emergenza sul fondo del carro. Il capocarro sedeva su una seggiola imperniata sul fondo del compartimento in grado di ruotare insieme alla torretta. Le mansioni di caricamento e puntamento delle armi in torretta erano altresì compito del capocarro (e questo era un difetto, retaggio dei vecchi carri), essendo la torretta progettata per ospitare una sola persona. Le munizioni erano stivate in apposite rastrelliere disposte all'interno delle fiancate. Il pilota sedeva nella parte anteriore sinistra del carro; la visione esterna era possibile attraverso una finestrella corazzata frontale, richiudibile in battaglia. Quando tale finestrella era abbassata, la visuale era ridottissima: un episcopio frontale e due fessure a destra e sinistra. L'operatore radio sedeva alla destra del pilota: a sua disposizione erano installati due set radio. Davanti alla sua postazione era presente una fessura per la visione esterna.

▲ AMC SOMUA S 35 67237 appartenente al 18° Reggimento Dragoni.

▲▼ Altre immagini di repertorio dei protipi in lavorazione presso le officine SOMUA nella seconda metà degli anni '30 del secolo scorso. In questo caso si tratta dello chassis del cacciacarri SAu 40. (Foto Pinterest).

Lo scafo e la torretta, come già detto, erano ricavati entrambi attraverso fusione unica, per poi essere unite insieme. Una parte a forma di vasca formava la base del carro; le altre due parti creavano la sovrastruttura. Di queste due parti, una formava la parte anteriore del carro, ospitando la torretta e il compartimento per l'equipaggio; l'altra ospitava il compartimento destinato al motore e alla trasmissione.

Questa soluzione, fortemente innovativa per l'epoca, garantiva un'elevata protezione. Il punto debole della corazzatura era costituito dalla saldatura che univa le sezioni superiori a quella inferiore; in quella zona un colpo ben assestato poteva provocare danni enormi. Tutte le aperture dello scafo e della torretta, compresi gli organi per la visione esterna e l'anello della torretta, erano sigillate, proteggendo il suo equipaggio da attacchi col gas.

La torretta monoposto, detta del tipo APX-4, era la medesima utilizzata sul Carro B1, a brandeggio elettrico; per l'aggiustamento della mira era possibile anche una rotazione manuale. Nella parte posteriore destra della torretta vi era installata una botola per il capocarro. A sinistra e destra erano presenti delle fessure per la visione esterna, dotate di episcopi. Al di sopra della torretta era installata una cupola, in grado di ruotare di 360°. All'interno di questa si trovavano i principali strumenti d'osservazione del capocarro: un periscopio binoculare e due episcopi. Poco a destra rispetto alla cupola era presente una piccola apertura che poteva essere utilizzata per esporre bandiere di comunicazione (vecchio sistema di segnalazione ormai superato, ma solo i tedeschi vi avevano realmente rinunciato in favore di radio sempre migliori).

L'armamento era composto da un cannone da 47 mm SA 35 e da una mitragliatrice coassiale MAC 1931C calibro 7,5mm, inseriti in due scudi/mantelletti separati. La mitragliatrice risultò tuttavia essere installata in maniera non ottimale, cosa che non gli permetteva un brandeggio sufficientemente largo.

Al di sopra della mitragliatrice era installato un telescopio. All'esterno della torretta era possibile installare una mitragliatrice per la difesa antiaerea. Lo stock di munizioni a disposizione del carro era composto da 118 proiettili per il cannone (90 AP e 28 HE) e 2.250 colpi per la mitragliatrice.

Le sospensioni furono progettate da Eugène Brillié, ingegnere che già si era occupato del carro armato francese Schneider CA1. Egli lavorò in collaborazione con le fabbriche ceche della Škoda e basò il suo progetto su quello del carro LT vz. 35: otto ruote accoppiate, assemblate su due carrelli, a loro volta montate su un carrello dotato di molle a balestra. Una nona ruota era disposta in fondo al treno di rotolamento, dotata di sospensione autonoma. Il tutto era "singolarmente" protetto da una scudatura metallica,

▼ Somua S-35 esposto al museo inglese di Bovington. Wikipedia attribuzione Hohum.

rimovibile per le operazioni di manutenzione. I primi 50 veicoli erano dotati di cingoli consistenti di 144 sezioni da 75 mm ciascuna; i veicoli successivi furono dotati di cingoli costituiti da 103 sezioni da 105 mm ciascuna. L'apparato di sospensioni era comunque piuttosto fragile, difettoso e complicato, e richiedeva un'attenta e continua manutenzione.

Il motore SOMUA V8 da 190 hp, uno dei migliori a disposizione dell'esercito francese, garantiva al carro una buona mobilità e due capienti serbatoi autosigillanti posizionati nella parte posteriore dello scafo, rispettivamente da 100 e 410 litri, insomma una notevole autonomia. Questi erano separati dal compartimento da combattimento da un setto ignifugo. Il motore spillava il carburante dal serbatoio più piccolo che a sua volta si riempiva nuovamente traendo carburante dal serbatoio più grande. La manutenzione su sospensioni e motore, altro difetto grave, era lunga e difficoltosa a causa della scarsa accessibilità a questi elementi; sui veicoli di produzione più tarda questo fattore fu preso in considerazione e furono apportate modifiche allo scafo, aggiungendo dei portelloni per facilitare l'accesso alle componenti interne.

L'S-35 era dotato di un sistema di estintori automatici, posizionati in punti critici del carro e contenenti bromuro di metile. Il veicolo doveva inoltre essere dotato di apparecchiatura radio; in realtà tale strumentazione non fu installata su tutti i veicoli, costringendo gli equipaggi all'uso delle bandiere segnaletiche.

La trasmissione che comprendeva il sistema di sterzo era del tipo a doppio differenziale. Il differenziale di sterzo era controllato da frizioni a disco a secco tramite cavi provenienti dal volante che, attraverso un sistema di ingranaggi, facevano ruotare il mezzo rallentando il movimento del cingolo interno e aumentando la velocità del cingolo esterno senza ridurre significativamente la velocità.

Il carro armato poggiava su due serie di quattro rulli per lato, oltre al rullo posteriore. I rulli erano in acciaio; i loro bordi interni sporgevano in una scanalatura dei binari, eliminando così la necessità di denti di guida e prevenendo la perdita dei binari. Due rulli di supporto progettati secondo lo stesso principio e due scarpe di supporto dotate di una guida sostenevano il filo superiore del binario, portandolo alla puleggia di tensione nella parte anteriore. Le prestazioni del SOMUA fuoristrada erano relativamente scarse, soprattutto a causa della ristrettezza del sottocarro e della larghezza dei cingoli. Le sue capacità di superamento degli ostacoli limitate a 50 cm massimi, erano fortemente limitate dalla configurazione della puleggia di tensionamento, un difetto che verrà corretto sui suoi derivati S-40. Questo modello molto promettente tuttavia non entrò in produzione fino alla fine della campagna di primavera del 1940.

▲ Un carro Somua S-35 con torretta mimetica all'interno delle officine francesi Somua di Saint-Ouen.

In sintesi, fra pregi avveniristici e difetti si trattava di un ottimo mezzo dalle elevate prestazioni, di concezione moderna la cui validità concettuale lo rese, forse il modello migliore della produzione francese dell'epoca.

▲ Il vano motore come appariva nell'orginale libretto d'istruzioni della SOMUA.

▼ Immagine aggressiva di un cacciacarri Somua SAu 40.

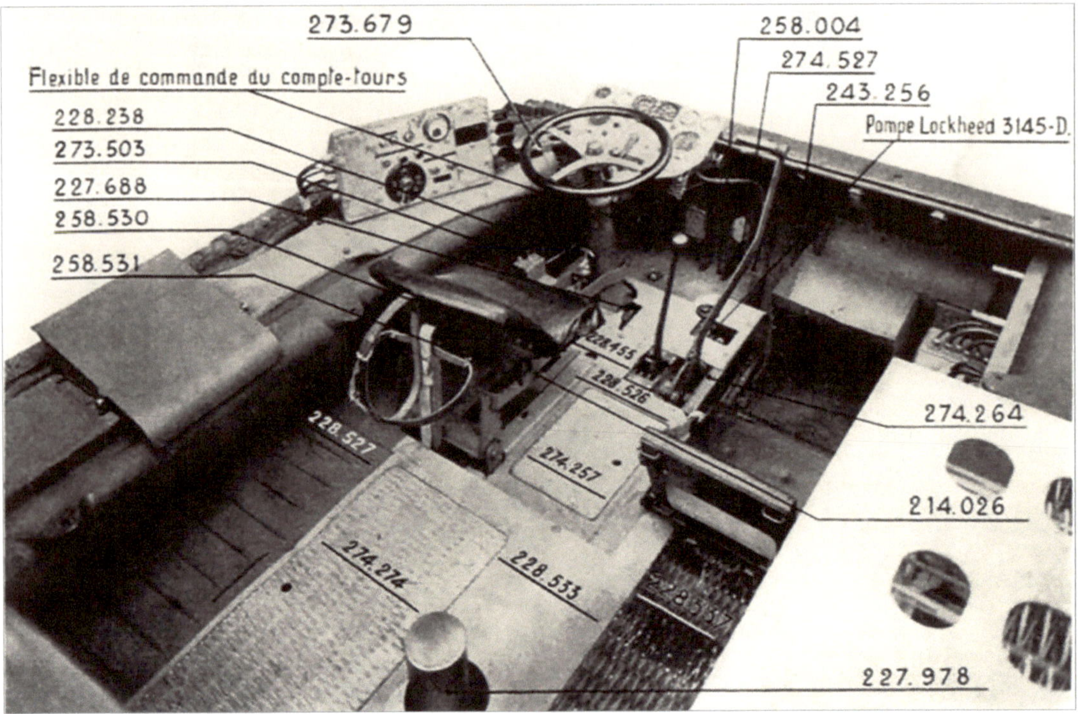

▲ Angolo guida nello scafo del Somua S-35 dal libretto delle istruzioni della SOMUA.

▼ Visione d'insieme del motore del Somua S-35 dal libretto delle istruzioni della SOMUA.

SOMUA S-35 Nr. 14 della 1ª DLM (Division Légere Mecanique-ARrmoured Division) 18° DRAGONI, FRANCIA 1940

SOMUA S 35 Nr. 43 Del 13° REGGIMENTO DRAGONI, FRANCIA 1940

LE VERSIONI DEI MEZZI

l progetto del carro medio da cavalleria Somua non ebbe un grande sviluppo. In gran parte ciò fu dovuto al più volte citato collasso dell'armata francese nell'estate del 1940, quando praticamente cessò di esistere, e con esso tutti i progetti pianificati fino ad allora.

PROTOTIPI E SOMUA S-35

Prima di procedere alla realizzazione in serie del carro, sempre nel corso del 1935, furono sviluppati alcuni prototipi che servirono per individuare le migliori scelte operative:
- Il primo prototipo fu denominato curiosamente col nome **AC2** (1935);
- Il secondo prototipo **AC3**. Esso fu il primo ad essere dotato di cannone automatico SA 35 L/32 calibro 47 mm;
- Il terzo modello **AC4** fu di fatto il modello preserie, dotato di torretta standard APX e del cannone 47 mm SA 34, come per tutti i prototipi precedenti ad esclusione dell'AC3. Questo terzo prototipo venne prodotto in quattro esemplari.

Alla fine comparve la versioni di produzione, quella più nota e realizzata, il **SOMUA S-35**. finalmente dotato del definitivo cannone 47 mm SA 35, il carro francese venne prodotto in 427 esemplari.

SOMUA S-40

Ufficialmente preceduto dal prototipo denominato AC5 (1939), come il successivo modello SOMUA S-40 fu dotato di torretta saldata ARL 2C, nuovo scafo, nuove sospensioni e motore da 230 hp.

Somua S-40: fu un prototipo di carro armato da battaglia francese della seconda guerra mondiale, il cui sviluppo derivava dal precedente Somua S-35. Il nuovo mezzo, una miglioria rispetto al suo predeces-

▲ Due S-35 catturati dai tedeschi nel 1940. Bundesarchiv (colorazione autore).

sore doveva entrare in produzione subito dopo lo scoppio della guerra, comunque il lancio era previsto per il luglio 1940. Ne furono ordinati ben 374 esemplari. Il crollo della Francia di fatto annullò questa commessa.

L'S-40 era la naturale evoluzione del progetto Somua carro armato da cavalleria. Il nuovo carro armato ricevette uno scafo più grande e migliorato, con caratteristiche che fra le altre cose gli avrebbero permesso di superare ostacoli orizzontali quasi doppi rispetto al suo predecessore, l'S-35 (50 cm). Per ottenere questo vantaggio lo scafo adottato era del tipo a carreggiata inclinata che si ritrovava in molti altri modelli del periodo. L'S-40 era fornito anche di un motore più potente, in grado di gestire, in primis, la tonnellata in più che il nuovo carro aveva rispetto al suo predecessore.

A parte queste poche modifiche, il carro era abbastanza simile all'S-35 (vedi foto a pag. 46). Per le prime versioni era prevista una produzione massima di 80 carri armati; questi primi dovevano essere equipaggiati ancora con la torretta stondata dell'S-35.

La seconda fornitura di produzione era invece destinata a ricevere la moderna torretta ARL 2C1, che utilizzava la nuova tecnica della saldatura elettrica, caratterizzata da bordi più netti rispetto all'S-35, che invece, come noto, era completamente stampato in pezzo unico.

Il carro armato doveva anche essere equipaggiato con il cannone SA-35 da 47 mm già presente nella torretta dell'S-35, oltre che con una mitragliatrice coassiale MAC-31. Venne studiato anche l'abbinamento con un cannone più potente da 75 mm.

La produzione pare fosse iniziata già nel settembre del 1939, il mese dell'invasione alla Polonia. In realtà si trattava dei "gusci" vuoti di ogni equipaggiamento. Ma persino questa notizia, alla luce dei fatti che poi avvennero, pare sicura. La loro produzione venne comunque affidata a Schneider e Cail. Si desume

▲ Un Somua S-35 (musée des blindés de Saumur). Nella versione mostrata si notano i portelli della torretta del tipo montato dai tedeschi.

SOMUA S 35 4ª DIVISIONE CORAZZATA, FRANCIA, GIUGNO 1940

quindi che almeno la torretta doveva essere prodotta da un altro fornitore. La fabbrica Somua, dunque, si faceva in parte produttrice e in parte assemblatrice, incaricandosi di trasformare e dotare di tutti gli equipaggiamenti da combattimento i carri ordinati, dopo che gli stessi, per le varie parti spettanti, erano stati lavorati nei diversi stabilimenti.

Ciò anticipato, Somua aveva previsto la produzione di serie a partire dal luglio 1940 o addirittura dalla fine di giugno. Alla fine solo un prototipo, con sovrastruttura in legno, fu completato.

ALTRI PROGETTI

Dopo l'armistizio furono sviluppati piani per riprendere la produzione, in parte a beneficio delle potenze dell'Asse. Il 28 maggio 1941, l'ambasciatore tedesco in Francia Otto Abetz concluse un accordo con il governo francese, i cosidetti Protocolli di Parigi. Questi includevano l'intenzione di produrre ben ottocento SOMUA S-40, duecento per la Francia di Vichy e seicento per la Germania e l'Italia. Tuttavia alla fine fu lo stesso Hitler, sospettoso di un riarmo francese, a sospendere tale accordo.

Persino i giapponesi si mostrarono interessati alla cosa e, nel novembre 1940, chiesero alla Germania di autorizzare la produzione per il Giappone. Quando il Giappone divenne belligerante con l'attacco a Pearl Harbor, il 9 febbraio 1942 fu deciso che la Francia avrebbe prodotto 250 SOMUA S-40 per l'Esercito Imperiale Giapponese, i primi da consegnare entro dodici mesi, mentre la produzione avrebbe dovuto raggiungere un picco di otto veicoli al mese entro diciotto mesi.

Gli eventi accaduti dal novembre 1942 impedirono poi sia la produzione che la consegna, facendo abortire anche questo secondo progetto.

Si tornò quindi alla vecchia richiesta della Francia di Vichy all'inizio del 1942. Hitler perse la fiducia nel vecchio carro francese, i suoi generali gli confermarono che lo stesso era presto divenuto obsoleto e con esso caddero le sue riserve, Petain poteva produrre i suoi Somua. Il 24 aprile 1942 furono prese in considerazione ben due versioni, entrambe dotate della torretta FCM più grande, originariamente sviluppata per il Char G1. La prima sarebbe stata armata con il consueto cannone SA 35, gestito da un equipaggio di due uomini in torretta (e non più il solo capocarro), la seconda con il cannone SA 37, più lungo, collocato in una torretta con tre uomini.

La Francia prevedeva una produzione di 135 veicoli, ma alla fine anche questo terzo progetto venne interrotto nel novembre 1942, quando tutta la Francia fu occupata.

Tuttavia, continuò lo sviluppo clandestino di un SARL 42, dotato di torretta ARL 3 e di un cannone da 75 mm L/32 o L/44 che utilizzava un telemetro ottico. Per limitare il peso, la corazza laterale doveva essere ridotta a trenta millimetri, ma anche quest'ultimo progetto rimase solo teorico. Infine verso la fine della guerra, nel 1945 fu proposto di costruire un modello cacciacarri, equipaggiando i rimanenti scafi dei carri S.35 con una sovrastruttura armata con il cannone da 17 libbre britannico (76mm).

SOMUA SAU 40 - CACCIACARRI

Il SAu 40 (1937) fu un semovente d'artiglieria dotato di cannone 75 mm. Rispetto all'S-35 aveva una ruota aggiuntiva nel treno di rotolamento e uno scafo più ampio. Venne prodotto solo un prototipo.

La storia di questo interessante progetto nasce nel 1937, due anni dopo lo sviluppo del genitore S-35. SOMUA sviluppò il cannone semovente da 75 mm SAu 40 proprio a partire dall'S-35. La sospensione era dotata di una ruota in più per migliorare le capacità di movimento fuori strada e lo scafo era più largo. In questa configurazione venne costruito il solo prototipo. Tuttavia questo solitario mezzo (altre fonti parlano di almeno 4 carri) ebbe occasione di essere utilizzato in combattimento nel giugno 1940, equipaggiato con il suo cannone controcarro da 75 mm. Il 1° maggio 1940 ne furono ordinate 72 unità. Il nuovo ordine specificava chiaramente che il Sau 40 doveva essere prodotto come semovente distruttore di carri armati, grazie al suo potente cannone.

SOMUA S 35 12° REGGIMENTO degli CHASSEURS D'AFRIQUE, 2ème DB, TUNISIA, FEBBRAIO 1943

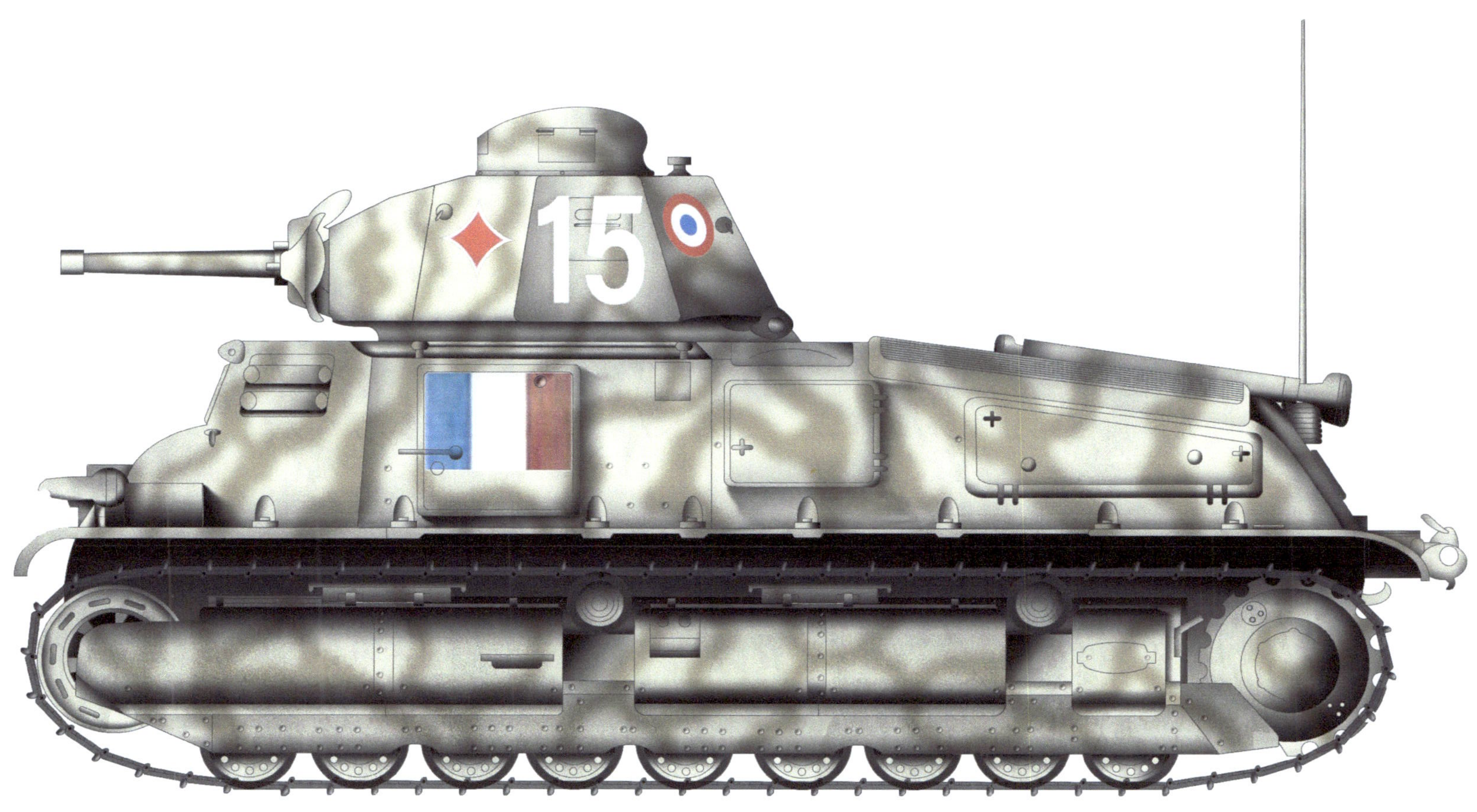

▲ Varie immagini di repertorio e cortesia del Somua S-35 conservato presso il museo francese di Saumur.

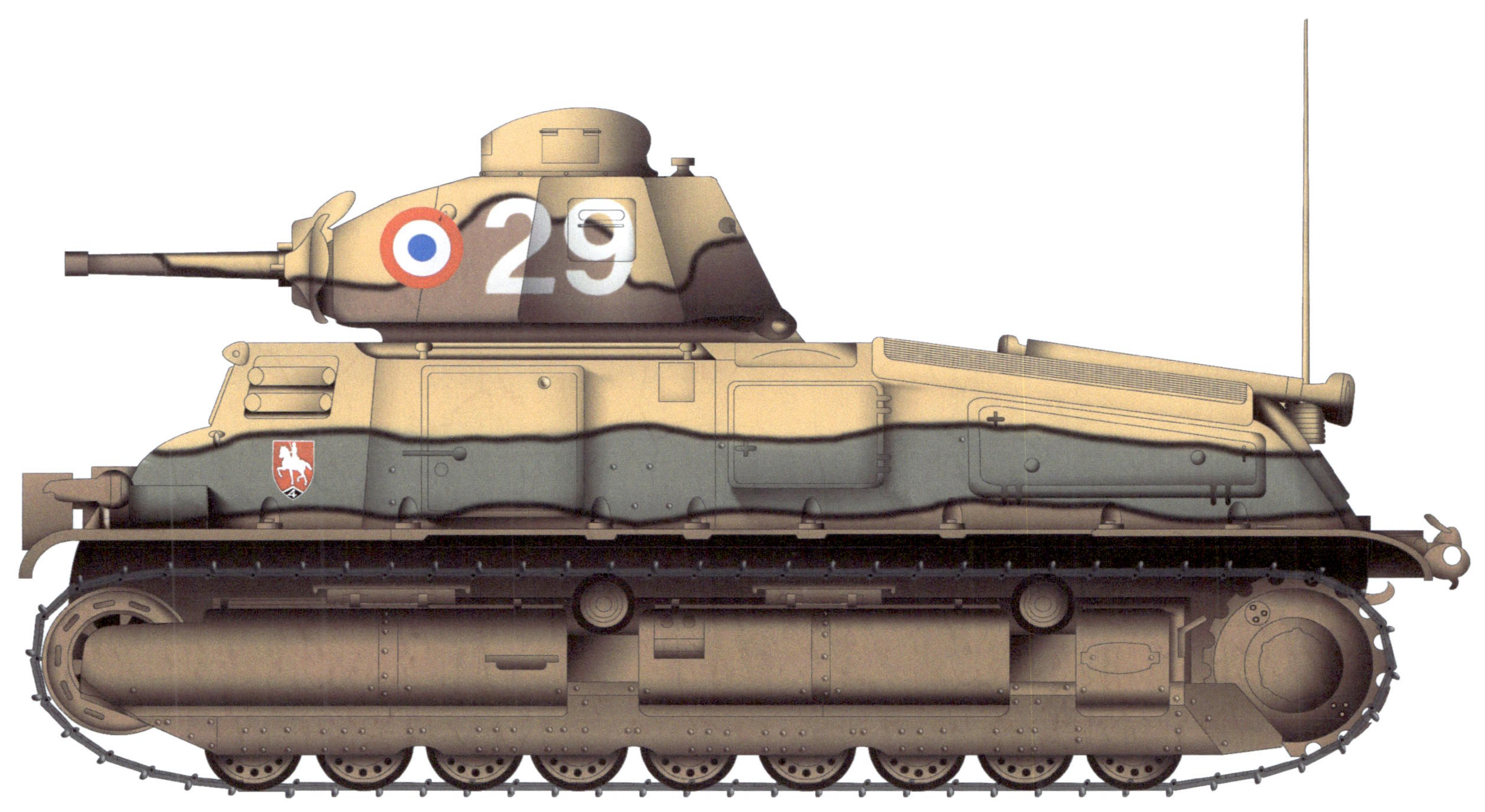29

▲ Curiosa mimetizzazione di questo Somua S-35 conservato in un museo francese. Wikipedia.

▼ Un SOMUA S-35, catturato in battaglia dai tedeschi e immediatamente riutilizzato.

IMPIEGO OPERATIVO

■ **STORIA OPERATIVA DEL SOMUA S-35 IN FRANCIA**

Al momento dell'invasione tedesca del Benelux prima e della Francia poi, il carro Somua S-35 armava "tipicamente" le divisioni di cavalleria meccanizzata; 288 esemplari erano sulla linea del fronte all'inizio dell'invasione, suddivisi in tre divisioni. Ogni divisione aveva un organico di otto squadroni da dieci S-35 ciascuno. Inoltre, ogni squadrone aveva in riserva 2 carri e ogni comandante di reggimento e brigata era munito di un carro personale; il totale era quindi di 88 veicoli per ogni divisione. Questo era in sintesi il totale bellico numerico di questo carro contro le divisioni tedesche.

Vi erano poi alcuni carri tenuti in riserva, una trentina circa, mentre una cinquantina erano ancora o nei magazzini o sulla catena di montaggio degli stabilimenti Somua.

Questi veicoli furono dislocati in unità francesi d'elite, come la 4ª DCR Divisione Corazzata posta agli ordini di Charles De Gaulle, che ricevette 39 veicoli; la 4ª DLM Divisione Meccanizzata Leggera che ne ricevette 10; altre unità ne ricevettero complessivamente 25. Alcune grosse unità distrutte nella prima fase (1ª, 2ª e 3ª DLM) furono ricostituite utilizzando gli S-35 tenuti in riserva oppure altri mezzi completati dalle officine. Tutte e tre le divisioni ne ricevettero 10.

Il termine Divisione leggera non stava a significare di ridotto equipaggiamento, ma aveva più la valenza di mobile e veloce.

L'S-35 servì anche con la 7ª Cuirassiers (25 esemplari) e un plotone di tre esemplari era presente nella 3ª DLC (Division Légère de Cavalerie).

Nel maggio 1940, durante la campagna di Francia, alle divisioni DLM fu affidato il difficile compito di contrastare le truppe tedesche avanzando rapidamente nei Paesi Bassi. La 2ª e 3ª DLM furono concentrate

▲ Una colonna di carri Somua S-35 ferma sul ciglio della strada. Si notano distintamente gli equipaggi di tre persone.

a Gembloux, tra Lovanio e Namur, dove erano totalmente assenti ostacoli naturali che potessero favorire l'opera difensiva dei reparti alleati tali da impedire l'avanzata delle truppe tedesche.

La battaglia di carri armati che ne risultò dal 13 al 15 maggio, fu la battaglia di Hannut. Qui la 3ª e la 4ª Panzer-Division impegnarono duramente le divisioni francesi. Con circa 1.700 mezzi corazzati impegnati, Hannut fu la più grande battaglia fra carri dall'inizio della guerra, ed è ancora una delle più grandi di tutti i tempi. Gli S-35 diedero buona prova di sé, dimostrando di essere effettivamente superiori ai carri armati tedeschi del tempo nello scontro diretto. Purtroppo per le forze francesi, tali carri furono schierati in modo ambiguo ed esitante, poiché l'Alto Comando francese pensò erroneamente che il varco fosse lo *Schwerpunkt* tedesco e cercò di preservare i propri carri migliori per bloccare i successivi attacchi del resto della Panzerwaffe.

Quando i francesi si accorsero che in realtà quella tedesca era una manovra diversiva si scoprì che l'attacco era una finta e che le forze a nord rischiavano di essere tagliate fuori dall'avanzata tedesca a sud di Namur. La 1ª DLM, che si era spostata molto rapidamente di parecchi chilometri a nord per aiutare gli olandesi, fu richiamata rapidamente a sud dovendo compiere una marcia di avvicinamento di oltre 200 km. Il disordine che ne derivò e la perdita della maggior parte dei suoi S-35 resero impotente questa unità, la più potente di tutte le divisioni alleate. Il suo destino era segnato e infatti la divisione andò distrutta nello scontro con la 5ª Panzer-Division tedesca il 17 maggio. Le altre DLM combatterono una battaglia difensiva e parteciparono alla battaglia di Arras durante la quale furono completamente annientate. L'aver impegnato la sua più importante riserva corazzata all'inizio della battaglia aveva reso l'esercito francese fatalmente esposto alla inattesa sorpresa strategica tedesca.

Era sorprendente che il carro francese, benché superiore a quasi tutti i corrispettivi tedeschi del tempo (Panzer I e II), non ebbe alcun vero peso nella campagna francese soprattutto a causa di errori strategici e tattici dello stato maggiore francese. I francesi, anziché fare massa d'assalto alla maniera germanica, utilizzarono piccoli gruppi di carri, sparpagliati tra le divisioni di fanteria; ciò costituì un handicap notevole delle forze corazzate francesi nei confronti delle panzer division.

▲ Soldati e ufficiali tedeschi posano attorno alla carcassa di un Somua S-35 nei pressi di alcune miniere di carbone in Belgio. Flick PD.

▲ Un Somua S-35 in servizio nell'esercito tedesco sul fronte orientale. Bundesarchiv (colorazione autore).

▼ Soldato tedesco impegnato a controllare il fronte con il suo binocolo vicino ad un Somua francese catturato e riciclato per il servizio nella Wehrmacht. Francia, giugno 1944. Bundesarchiv.

Nonostante ciò, come più volte ricordato, il mezzo si rivelò talmente buono da essere immediatamente riutilizzato dalle forze tedesche, che cambiarono tipicamente la denominazione del mezzo in Panzerkampfwagen 35-S 739(f). I tedeschi modificarono anche la cupola per l'osservazione, tagliandola ed installandovi un portellone dei loro.

Già nel dicembre del 1940 i tedeschi avevano creato diverse unità equipaggiate con carri francesi: in gran parte queste operarono sul fronte russo, altre su quello africano e poi ancora in Francia nel 1944.

Infatti, nel 1943, la 21ª e 25ª Panzerdivision – quasi totalmente distrutte dagli Alleati in Tunisia e in Russia – furono successivamente riformate in Normandia utilizzando anche alcuni S-35 francesi. Alla data del 30 dicembre 1944 erano ancora segnalati ben venti S-35 in servizio nell'esercito tedesco.

Altri SOMUA furono ceduti agli italiani che li dislocarono in Sardegna e forse nei Balcani; in seguito all'armistizio questi esemplari furono regalati/restituiti ai reparti della Francia libera.

Alcuni S-35 furono ceduti al Governo di Vichy che li utilizzò sullo scacchiere in Nord Africa, inseriti nel 12° RCA (régiment de Chasseurs d'Afrique). In seguito al cambio di fronte delle truppe francesi nordafricane, che si unirono agli Alleati nel 1943. Questi carri SOMUA subirono il curioso percorso di essere partiti per combattere i tedeschi, poi passarono al servizio delle truppe dell'asse e alla fine tornarono a "sparare" sulle forze nazifasciste durante la Campagna di Tunisia. Dopo aver sfilato durante la parata per la vittoria in Tunisi, il 12° RCA fu dotato dei nuovi carri americani M4 Sherman, e gli S-35 furono definitivamente dismessi.

▲ Cavalleria di spahis francesi sfilano di frontea carri S 35 del 12° RCA, Tunisi, 20 maggio 1943. PD by National Museum of the U.S. Navy.

▲ Somua S-35 appena riconvertito; notare la grossolana colorazione della Balkenkreuz tedesca. Wikipedia.

▼ Panzer-Parade con diversi Somua S-35 della Wehrmacht in Place de la Concorde a Parigi, luglio 1941. Wikipedia.

D'ARTAGNAN

Successivamente alla liberazione della Francia nel 1944, fu creata una nuova unità corazzata, il 13° Régiment de Dragons, usando materiale di produzione francese, fra il quale 17 carri Somua S-35.

Uno dei primi impieghi dei carri armati francesi avvenne durante l'insurrezione parigina dell'agosto 1944; vi sono infatti moltissime immagini e fotografie di carri armati e veicoli blindati caduti nelle mani delle forze della Francia libera.

La maggior parte di queste fotografie corrisponde a veicoli recuperati dopo i combattimenti: veicoli poi mostrati alla popolazione festante, esposti come trofei e poi riuniti in nuove unità di carri armati. Fra essi vi erano anche dei Somua; in alcune di queste foto si nota un carro armato Somua fotografato davanti al municipio del 17° arrondissement di Parigi, in rue des Batignolles.

Il carro armato fu prelevato direttamente dalle fabbriche Somua di Saint-Ouen, dove una dozzina di carri armati erano ancora in riparazione, quando iniziò l'insurrezione di Parigi.

Questo Somua venne ampiamente fotografato, tuttavia il mezzo si rivelò inoffensivo perché il suo equipaggio non disponeva di munizionamento adatte per il suo per il suo cannone da 47 mm. Secondo un documento della fine del 1944, questo carro armato avrebbe comunque contribuito alla cattura di un'autoblinda nemica.

Dopo il 25 agosto, questo primo carro armato Somua fu uno dei primi veicoli del costituendo Gruppo carri parigino, organizzato nella caserma di Clignancourt.

In seguito a questo primo carro si unirono altri carri armati Somua che finirono per equipaggiare il 13° Reggimento Dragoni. Il 1° Squadrone del 13° RD aveva 17 carri armati SOMUA operativi nel febbraio 1945. Questi carri armati ricevettero tutti nomi assai curiosi e fantasiosi:
- Carri comando: BELZEBUTH - BANDAR;
- 1° plotone: ATLAS - BACCHUS - HERCULE - TITAN - VULCAIN;
- 2° plotone: MOWGLI - SHERE KHAN - RASKHA - BALOO - BAGHERA;
- 3° plotone: D'ARTAGNAN - ARAMIS - ATHOS - PORTHOS - MILADY;

Il 13° Dragoni fu impegnato nella liberazione delle sacche atlantiche nell'aprile 1945. Durante queste operazioni vennero persi due carri armati su sedici impegnati, Shere Khan e Bacchus, saltati su mine.

▲ Il Somua S-35 D'Artagnan del 13° Dragoni. Notare lo stemma del reggimento sullo sportello laterale.

▲ Somua S-35 Italiano. Notare la presenza degli utensili italiani sul cofano del carro.

▼ Un altro Somua italiano, probabilmente di quelli in servizio in Sardegna. Wikipedia.

SOMUA S-35 18° REGIMENTO DRAGONI Nr. 57, FRANCIA 1940

▲ Soldati tedeschi si fanno fotografare sopra e dentro ad un Somua S-35 appena catturato. Francia, 1940. Bundesarchiv (colorazione dell'autore).

SOMUA CACCIACARRI SAu 40 CON CANNONE 75MM M3, FRANCIA 1941

▲ Vista del carro Somua S-35 di fronte.

MIMETICHE E SEGNI DISTINTIVI

Il colore principale dell'anteguerra per i veicoli e i corazzati dell'armata francese era un verde oliva opaco piuttosto scuro (verde oliva opaco). Le denominazioni ufficiali erano: *vert olive réglementaire* (verde oliva regolamentare), *vert olive armée* (verde oliva dell'esercito) e *vert armée* (verde dell'esercito) sebbene gli AFV fossero mimetizzati.

Allo scoppio della guerra, tuttavia, i colori mimetici o camuffati furono estesi a tutti i veicoli. Nonostante ciò già al tempo convivevano in simbiosi due opzioni: modelli di mimetizzazione effettivi specifici del produttore (Somia, Renault Ecc.) o modelli lasciati all'immaginazione e alla fantasia creativa dell'unità presso la quale questi mezzi si trovavano.

La stessa cosa valeva anche per gli eventuali veicoli civili requisiti per uso militare. I colori mimetici in tempo di guerra si basavano su una tavolozza assai variopinta, ed erano:

- *Vert olive mat* (in una tonalità più chiara rispetto alla versione prebellica);
- *Brun* (marrone, a volte in una tonalità molto rossastra);
- *Ocre jaune* (marrone molto chiaro, che va dal sabbia al marrone senape);
- *Vert* (un colore piuttosto verde chiaro).

Le tonalità realmente adottate, tuttavia, differivano non poco, tutto dipendeva dalle scorte di magazzino, dalle forniture dei pigmenti, ecc. Inoltre non fu mai diramato o ancora portato alla luce alcun documento ufficiale che descriva in dettaglio i colori regolamentari.

Ci sono inoltre pochissime immagini a colori di veicoli francesi in tempo di guerra e quelle esistenti sono di qualità piuttosto scarsa e, quindi, non troppo attendibili. In una di queste foto, pubblicata su una rivista di propaganda bellica tedesca, si vedono dei carri Renault AMR 1935 nelle vicinanze di Dunkerque. Sebbene la foto abbia marcate sfumature rossastre che distorcono i colori, è comunque una buona illustrazione del motivo utilizzato nelle mimetiche dagli AMR.

Di seguito mostriamo una tabella della gran parte dei colori utilizzati per i mezzi francesi, sia i colori di fondo, che quelli interni e sopratutto quelli utilizzati nella mimetica. Come da tradizione forniamo i codici in RAL; potrete facilmente trovare online le similitudini con i vari colori utilizzati nel modellismo con tinte tipo Tamya, Mo-Lak, Lifecolor ecc. e ancora negli equivalenti RGB, CYMK, Pantone ecc.

Fra i più utilizzati vi sono anche i colori/smalti della Humbrol spesso scelti per abbinare i colori mimetici francesi che si trovano in varie riviste di modellismo. Sperimenta e scegli quello che preferisci o con cui sei abituato. Ricordiamo come già detto che a parte i veicoli civili requisiti, quelli forniti alle unità nella tinta base verde oliva, tutti gli altri veicoli erano mimetizzati nelle officine di fabbricazione con la conseguenza che ogni produttore aveva i propri modelli, e le vernici utilizzate potevano essere anche assai diverse.

Tornando agli Humbrol, alcuni suggerimenti per i tre colori più importanti potrebbero essere i seguenti: **Verde:** H150 verde bosco opaco, oppure H179 Verde artiglieria, opppure H86 verde oliva+H81 giallo pallido. Marrone: H 177 rossiccio scuro. Ocra: H94 giallo marrone opaco oppure sempre H94 +Bianco.

COLORI E MIMETICHE ESERCITO FRANCESE WW2

Grigio RAL FS36480	Blu Francese RAL 5001	Grigio Chiaro RAL 9018	Beige RAL 7044	Verde Oliva RAL 6010	Giallo Ocra RAL 1002	Terra Marrone RAL 8007
Verde Scuro RAL 6007	Azzurro Cielo RAL 7047	Red Insignia RAL 3031	Bleu Insignia RAL 5002	Gun Metal RAL 7043	Metal track	Avorio interior RAL 1015

▲ Vista del carro Somua S-35 lato posteriore.

I segni degli assi

A proposito del più noto sistema di marcatura tattica dei carri armati francesi, vale a dire gli assi da gioco delle carte (in uso sin dalla prima guerra mondiale), occorre ricordare che il sistema organizzativo di attribuzione di questi segni cambiò in maniera radicale nel novembre 1939 per tutti i carri armati.

Il nuovo sistema utilizzava gli assi delle carte per identificare i plotoni o le truppe nell'ordine di gioco del bridge (picche, cuori, quadri e fiori) in comune con l'ordine dei colori nazionali (blu, bianco e rosso) per identificare le compagnie o gli squadroni.

Il veicolo del comandante della compagnia o dello squadrone utilizzava un simbolo particolare che riuniva tutti e quattro i semi del gioco, ovviamente sempre nel colore della compagnia o dello squadrone.

Il colore indicava la compagnia nel seguente schema:

- Blu per la prima compagnia;
- Bianco per la seconda compagnia;
- Rosso per la terza compagnia.

I semi a loro volta indicavano il plotone nel seguente schema:

- Picche il primo plotone;
- Cuori il secondo plotone;
- Quadri il terzo plotone;
-Fiori il quarto plotone.

Questi simboli di solito apparivano sui lati della torretta del carro armato e spesso venivano ripetuti sullo scafo posteriore, e a volte sui lati. Contrassegni più piccoli di questo tipo venivano talvolta utilizzati su altri veicoli oltre a carri armati e auto blindate, come le fiancate dei camion, e più raramente su pezzi di artiglieria.

La dimensione e la posizione precisa di questi contrassegni (e la decisione se usarli o meno) erano molto discrezionali e di fatto lasciati decidere al comandante dell'unità. Molti simboli avevano un bordo o una cornicetta bianca a delimitarli. Questa usanza non era universale, sebbene fosse molto comune.

Il sistema degli assi colorati a volte conviveva con il vecchio e tradizionale sistema di designazione aziendale che utilizzava semplici forme geometriche bianche (cerchio, quadrato e triangolo rispettivamente per la 1ª, 2ª e 3ª compagnia). Questa combinazione, che spesso utilizzava forme geometriche cave o con gli assi in posizioni separate, sembra essere stata più comune sul Char B1 bis che sul Somua, ad esempio.

Altri segni tattici

I grandi numeri, generalmente bianchi, che apparivano dipinti sulle torrette dei carri specialmente su quelli abbinati alla cavalleria (come nel caso del Somua S-35) dipendevano da diverse complesse varianti del sistema di numerazione effettivo. I numeri, nel caso dei Somua, erano continui all'interno del battaglione, e appunto nel caso delle DLM essi erano identificati dall'uso dei numeri fino a 49 nel primo battaglione e da 50 a 99 per il secondo. O ancora continui all'interno dello squadrone (es. 1-20 o 1-12) o per plotone (es. 1-5, 10-14, 20-24, ecc.).

Un altro segno comune che si poteva osservare sui carri armati francesi era una singola lettera che identificava il plotone. La lettera vera e propria, la sua dimensione e lo stile erano come sempre lasciati al gusto del comandante di plotone che di solito usava la prima lettera del suo cognome. Questo sistema tuttavia sembra essere stato utilizzato specialmente sui carri armati di fanteria B1 bis che su altri veicoli.

Oltre a segni e marcature varie, i mezzi spesso riportavano anche le insegne del loro reggimento, uno scudo araldico o altri simboli identificativi, piazzati generalmente sui fianchi dei mezzi.

Spesso si potevano individuare queste araldiche anche riportate all'interno del seme della carta che identificava il plotone. Numerosi esempi in tal senso si possono vedere all'interno dei profili presenti in questo stesso libro. Vedi ad esempio il carro a pag. 25 appartenente al 18° Reggimento dragoni della 1ªDLM operante in Belgio nel maggio 1940.

Nei carri recuperati e riutilizzati dalle forze della Francia libera negli anni 1944-45 capita di vedere scritte a mano con la denominazione dei carri univoca, con nomi di derivazione biblica, letteraria (i 4 moschettieri) o storica.

Anche il segno di riconoscimento della croce di Lorena, generalmente di colore bianco, e di diverse fogge, faceva bella mostra di sé sulle fiancate di questi carri.

Marcature Nazionali

Sebbene relativamente frequente sui veicoli corazzati di cavalleria che operavano molto al fronte delle forze amiche, la pratica di dipingere coccarde nazionali non sembra essere stata oggetto di alcuna regolamentazione. Le posizioni preferite erano le sommità delle torrette (spesso sulla cupola del comandante) che fungevano anche da segno di riconoscimento aereo sulla parte posteriore della torretta o i lati della stessa. Alla coccarda veniva talvolta aggiunto un bordo esterno bianco molto stretto, alla maniera di quella utilizzata dai simboli delle carte, ma nel caso della coccarda nazionale questa pratica non era molto diffusa.

Il numero effettivo, le dimensioni (tra 30 e 50 cm) e la posizione delle coccarde nazionali dipendevano molto dalle dimensioni del veicolo e dalla quantità di esperienza dell'unità con il fuoco amico.

Numerosi furono infatti gli incidenti occorsi fra carri armati amici, proprio per una scarsa chiarezza di questi segni. A tale scopo alcune unità prudentemente scelsero di sfoggiare presto le coccarde di Francia sia sulla parte anteriore che sui lati dello scafo, oltre che sulla parte posteriore e superiore della torretta.

Marcature Straniere

Quando a seguito della disfatta la gran parte dei mezzi corazzati francesi passò nelle mani delle forze tedesche e dei loro alleati, quelli riutilizzati (la gran parte dei Somua se non la totalità) si videro ovviamente riassegnati tutta una serie di riferimenti tattici tipici degli eserciti che ne erano i nuovi fruitori.

Così, i mezzi passati al servizio dei tedeschi ricevettero le colorazioni tipiche della Wehrmacht: feldgrau e mimetiche alemanne, oltre alle numerazioni e alla Balkenkreuz tedesca.

Gli italiani allo stesso modo ridipinsero i loro mezzi in grigio verde nazionale e applicarono i loro simboli tattici usuali (vedi esempi a pagina 55 e 56).

▲ La mimetica dei carri francesi era molto particolare come si vede in questo Somua S-35. Museo di Bovington.

SOMUA SAu 40 75MM APX GUN CACCIACARRI FRANCIA, GIUGNO 1940

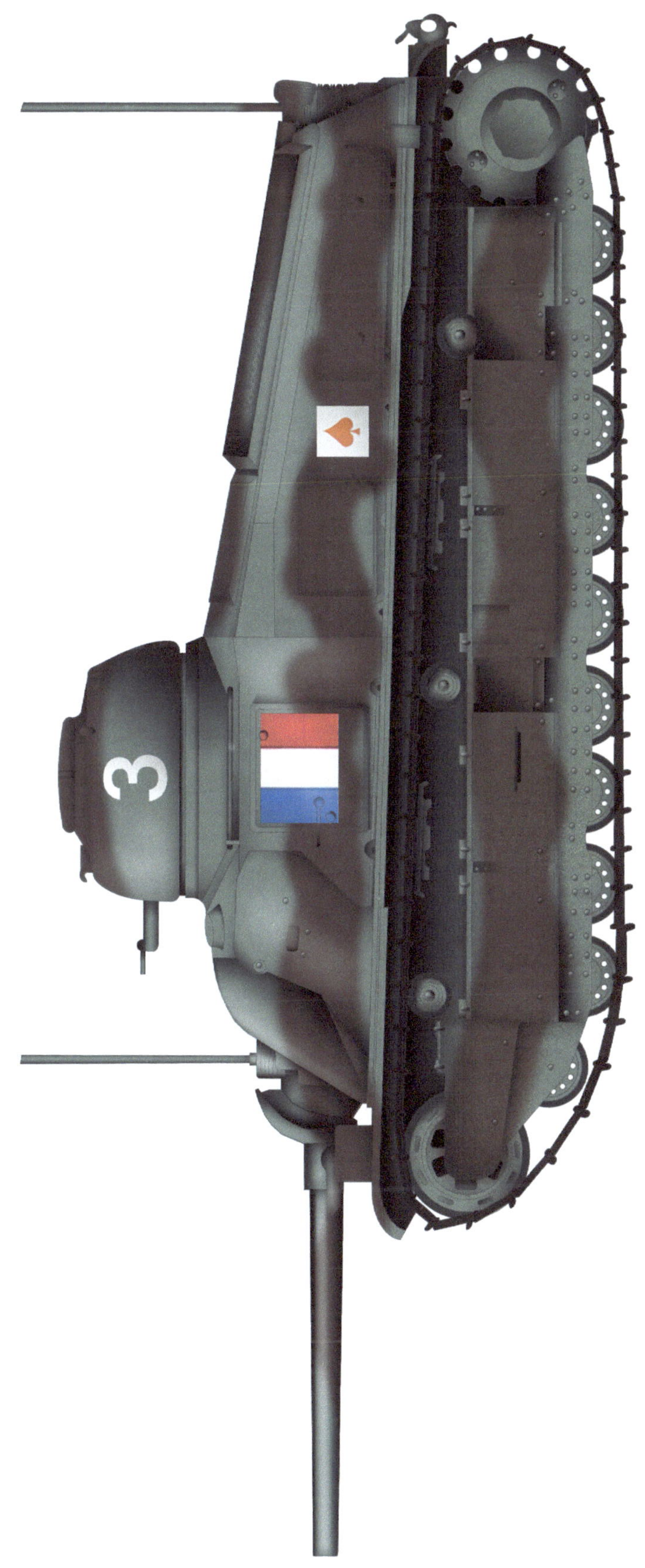

▲ La fine di una mancata carriera dell'ambizisoso cacciacarri francese catturato dai tedeschi. Qui è visibile parcheggiato in un deposito a Périgueux, nell'Aquitania francese, nel giugno 1940.

▼ Un primo piano del cacciacarri Somua SAu 40.

SOMUA SAU 40 47MM MLE 37 GUN CACCIACARRI FRANCIA (Prototipo), GIUGNO 1940

SOMUA S40 CARRO MEDIO Prototipo FRANCIA (Previsione Uscita nel 1941)

PRODUZIONE ED ESPORTAZIONE

Per la metà del 1938 furono realizzati circa un centinaio di carri. Alla data del 1° settembre 1939 gli esemplari prodotti erano 270. Di questi, 191 erano già in servizio, 51 in deposito e 4 in fabbrica per delle operazioni di revisione. Con lo scoppio della guerra fu assegnato d'urgenza un nuovo ordine di 200 unità, che portava l'ordinativo totale a 700 esemplari. Più tardi fu deciso che dal 451° veicolo in avanti si sarebbe passati alla produzione del successivo previsto modello migliorato S 40. La produzione, terminata alla fine di maggio 1940 a seguito della pesante sconfitta della Francia, si attestò su un totale di 427 esemplari costruiti. I pochi prototipi avevano tutti il cannone SA 34. I veicoli prodotti in serie vennero invece tutti dotati del cannone SA 35. Nel 1940, nell'esercito francese i Somua S-35 furono dati in dotazione ai seguenti reparti: 18° Reggimento Dragoni, 29° reggimento Dragoni, 1° reggimento corazzieri, 2° reggimento corazzieri, 4° reggimento corazzieri, 7° reggimento corazzieri. In Marocco nel 1941 al 12° Reggimento di cacciatori d'Africa, infine nel 1944-45 al 13° Reggimento Dragoni.

ALTRI UTILIZZATORI

Il Somua 35 e le sue poche varianti furono utilizzati in primis dall'esercito francese fino al suo collasso nel 1940. Fu poi ampiamente utilizzato dall'esercito tedesco e da quello italiano ma anche dai diversi altri paesi indicati di seguito, fra alleati, prede belliche, ecc.

NEMICI:

Bulgaria: nel febbraio 1944 i tedeschi assegnarono all'esercito bulgaro, loro alleato, una fornitura di 19 carri Hotchkiss H.39 e sei SOMUA S-35 in sostituzione dei precedenti PzKpfw II e PZKpfw III ordinati. I carri francesi vennero quindi assegnati alla polizia e destinati alla lotta antipartigiana. Alla fine dal mese di agosto 1944, con il deteriorarsi dell'amicizia bulgaro-tedesca, venne a cessare la fornitura di qualsiasi pezzo di ricambio destinato alle forze corazzate bulgare. Nei primi giorni del settembre 1944 la guerriglia partigiana contribuì ad un colpo di Stato, che fece cadere il governo filo-tedesco del Primo Ministro Bogdan Filov. A partire dal 5 settembre le forze armate bulgare divennero progressivamente avversarie delle forze tedesche. Nessuno dei carri francesi ricevuti sopravvisse alla guerra.

Francia di Vichy: ricevette alcuni esemplari e fu sul punto di ottenere una produzione relativa alla versione S-40.

Germania: utilizzò un totale di poco meno di 300 mezzi, sopratutto all'est ma non solo. La Wehrmacht ribattezzò il mezzo come Panzerkampfwagen 35-S 739. I tedeschi modificarono anche la cupola tagliando la parte superiore e installando un semplice portello. Già a fine 1940 le forze germaniche costituirono la prima unità di carri armati equipaggiati con Beutepanzer francesi: la 201.ª Panzerregiment con 118 carri armati, mentre il Panzerregiment ebbe 36 S-35. A inizio 1941 fu costituito il 202.Panzerregiment. Nello stesso anno fu costituito il 301.Panzerabteilung indipendente, dotato di veicoli francesi. I primi carri francesi furono inviati sul fronte finlandese in giugno. Altri S-35 furono schierati dalla 22.ª Panzerdivision vicino a Sebastopoli dove finirono in gran parte distrutti. Alcuni veicoli combatterono persino in Normandia nel 1944, mentre altri furono utilizzati in Jugoslavia per compiti antipartigiani. Il 30 dicembre 1944 c'erano ancora dodici S-35 in servizio in Germania.

Italia: dopo l'entrata in guerra dell'Italia conto la Francia, il 10 giugno 1940, divenne evidente che la dotazione di carri armati medi del Regio Esercito era largamente insufficiente. Infatti il grosso degli esemplari in servizio era rappresentato dai superati carri leggeri L3/33 ed L3/35. Il 30 dicembre 1940 le autorità tedesche offrirono agli italiani, tramite il generale tedesco Wilhelm Ritter von Thoma, la cessione di un consistente numero di carri leggeri Renault R.35, medi SOMUA S-35 e pesanti Char B.1 di preda bellica. Il 15 gennaio 1941 l'offerta venne incrementata a: 30 e poi 20 SOMUA S-35 da 20 tonnellate. 140 e poi altri 360 Renault R35 da 10 tonnellate. 23 e poi altri 80 Renault B.1bis da 30 tonnellate.

La Direzione Generale della Motorizzazione italiana mandò in Francia un'apposita commissione per ispezionare i suddetti carri. Il rapporto della commissione, datato 23 gennaio 1941, riferì che i carri risultavano in gran parte idonei all'impiego, anche se veniva notata una scarsa velocità dei mezzi, tranne appunto gli S-35. Inoltre tutti i mezzi risultarono privi di radio. Comunque, nel 1941 almeno 32 carri SOMUA S-35 furono trasferiti in Italia, tramite ferrovia. Lo Stato Maggiore dell'Esercito decise di assegnarli al 4° Reggimento Carristi, su sei battaglioni carri. Il 4° Reggimento venne incaricato di costituire un battaglione S-35 da assegnare successivamente al 131° Reggimento fanteria carrista della Divisione Corazzata Centauro. La prima intenzione dello Stato Maggiore del Regio Esercito fu di inviare un plotone di Renault R.35 ed uno di SOMUA S-35, accompagnati da quattro autoblindo AB.40 del Reggimento Nizza Cavalleria in Africa Settentrionale. Il 27 agosto 1941 questa decisione venne abbandonata per la scarsa disponibilità di munizioni e parti di ricambio dei carri di origine francese. Nel frattempo le autorità tedesche decisero di utilizzare tutti i rimanenti carri di preda bellica e comunicarono alle autorità italiane che avrebbero ceduto "solo"un totale di 124 carri R.35 e 32 SOMUA S-35 invece di quelli già indicati.

Il 25 dicembre 1941 ne risultavano in servizio complessivamente 32, assegnati al battaglione CC del 131° Reggimento Corazzato, dislocato in Sardegna. I carri Somua non ottennero mai la simpatia dei carristi italiani fin dall'inizio. Il generale Zanussi scrisse: *"Parve ad un certo momento che la cessione del carro medio francese Somua di preda bellica, fosse in grado di risolvere la situazione; e fu un'illusione di breve durata, perché il carro era lento ed insufficientemente armato"*. Al riguardo lo studioso Lucio Ceva commenta: *"Le opinioni di Zanussi risultano in netto contrasto con ogni ragionevole considerazione tecnica. Solo nel 1942-43 il carro risulterà superato"*. Dopo l'armistizio dell'8 settembre 1943 i carri S-35 presenti in Sardegna ebbero un limitatissimo impiego bellico contro le forze tedesche in ritirata verso la Corsica, e in seguito furono in gran parte riconsegnati alle forze della Francia libera del generale Charles de Gaulle. Altri verranno smantellati negli anni immediatamente successivi al conflitto.

Ungheria: la Germania consegnò loro due esemplari.

ALLEATI/NON NEMICI

Francia libera: diversi esemplari furono riutilizzati.

Jugoslavia: un veicolo catturato dai partigiani di Tito fu riadattato da questi ultimi con un cannone britannico da 6 libbre, e designato SO-57. (vedi pag. 57).

▲ Un Somua in servizio tedesco sul fronte orientale nel 1941. Bundesarchiv (colorazione dell'autore).

SOMUA S40 CARRO Versione Invernale GEBIRS DIVISION "NORD", NORVEGIA 1943

▲ Soldati tedeschi osservano da vicino un Somua S-35 appena catturato. Bundesarchiv (colorazione dell'autore).

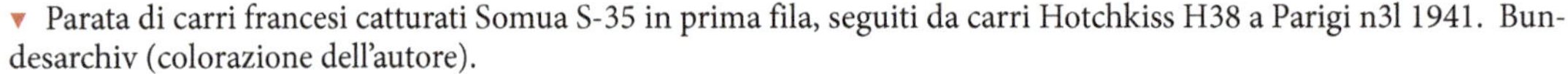

▼ Parata di carri francesi catturati Somua S-35 in prima fila, seguiti da carri Hotchkiss H38 a Parigi n3l 1941. Bundesarchiv (colorazione dell'autore).

SOMUA S-35 CARRO VERSIONE RADIO COMANDO con cannone finto PANZER REGIMENT 201, FRANCIA 1941

SOMUA S-35 SCHEDA TECNICA	
Caratteristiche generali	
Equipaggio	tre soldati
Peso in combattimento	20T
Pressione al suolo	0,85 kg/ cm2
Lunghezza	5,30 m
Larghezza	2,21 m
Altezza	2,62 m
Altezza da terra	42 cm
Larghezza del cingolo	36 cm
Armamento	
Armamento principale	Cannone da 47 mm L/32
Armamento secondario	$1 \times MG$
Dotazione colpi HW	118 proiettili
Dotazione colpi MG	1250 colpi
Motore e trasmissione	
Motore	Somua otto cilindri a benzina
Raffreddamento	acqua
Dislocamento	12,7 litri
Velocità massima	2000 giri/min
Potenza (KW/HP)	140/190
Potenza motore	15 CV/l
Rapporto peso/potenza	9,5 CV/t
Trasmissione	5 marce avanti, una retromarcia
Limite di velocità	37 km/h
Autonomia carburante	410 litri
Km su strada	260 km
Km fuoristrada	128 km
Sterzo	doppio differenziale
Ruote	12
Sospensioni	molle a balestra
Capacità di guado	100 cm
Corazzatura	
Punta dello scafo	35 mm
Fianchi Camera combattimento	40 mm
Fondo Camera combattimento	35 mm
Tetto Camera combattimento	20 mm
Base Camera combattimento	20 mm
Fronte torretta	55 mm
Lato torretta	45 mm
Torretta posteriore	45 mm
Tetto della torretta	28 mm

SOMUA S-35 PANZER ABT. 202, BALCANI 1944

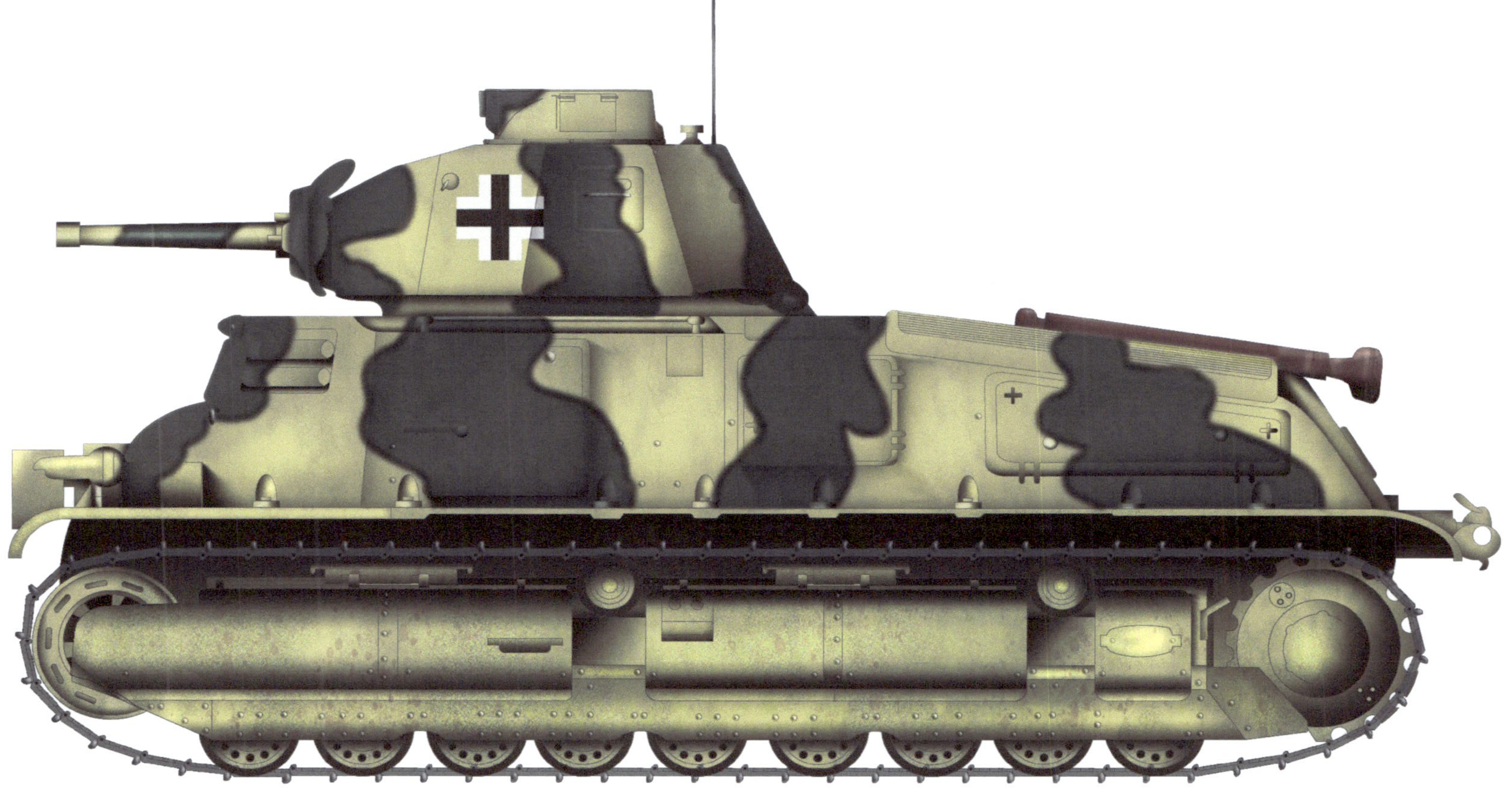

▲ Due Somua S-35. La foto è stata localizzata con certezza a Napoli, e datata 13 maggio 1946.

▼ Pz.Kpfw.35 S (Somua S-35) convertito dai partigiani jugoslavi con un nuovo cannone da 57 mm, derivato da un autoblindo Mk.II dell'AEC.

SOMUA S-35 del 200° BATTAGLIONE CARRI ESERCITO ITALIANO, SARDEGNA ITALIA 1943

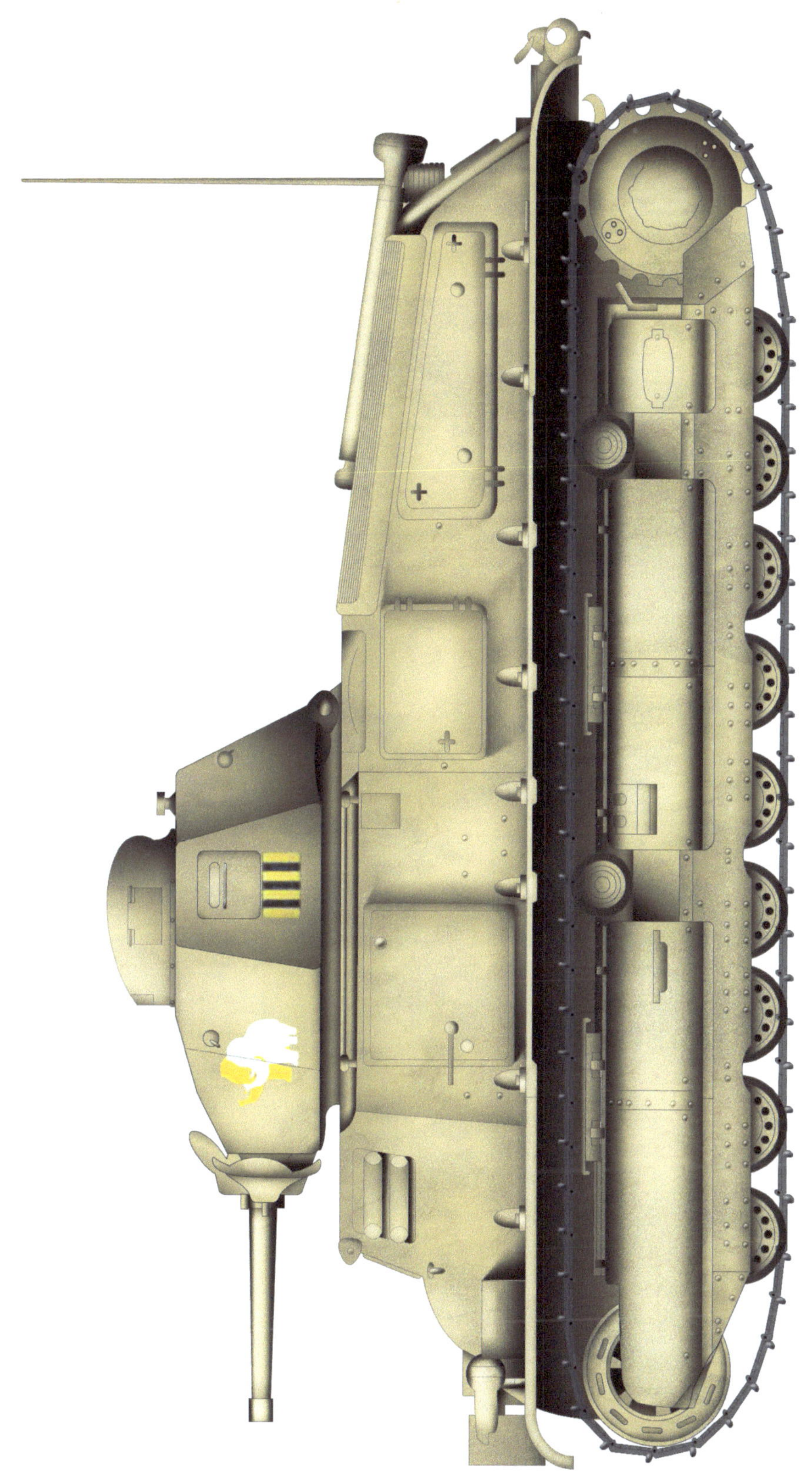

BIBLIOGRAFIA

· *G. St Martin*, L'arme blindée francais 1er volume, Economica 1998.

· *P.Touzin*, Les engines blindés francais 1920-1945. EPA 1979.

· *S.Ferrard*, France 1940, larmament terrestre. ETAI 1998.

· *J.G.Jeudy,* Chars de France. ETAI, 1997

· Truck & Tanks Magazine; no 72; pages 43-45

· *Pierre Touzin,* Les véhicules blindés français, 1900-1944, EPA, 1979

· *Pascal Danjou,* 2004, L'Automitrailleuse de Combat SOMUA S 35, Éditions du Barbotin, Ballainv liers, ISBN 2-9520988-0-8

· Tankograd: German Panzers and Allied Armour in Yugoslavia in World War Two; pages 75-76

· Magazine Panzerwerck no 19

· *Nicolas Aubin,* « Panzer III contre Somua S-35, les frères ennemis », Guerres & Histoire Hors série n°10, novembre 2020, p. 66 (ISSN 2115-967X).

· *Zaloga, Steven J.* (2014). Panzer III vs Somua S 35. Osprey.

· *François Vauvillier,* 2013, "Le Somua S 35, Genèse et Production", Histoire de Guerre, Blindés & Matériel, N°105.

· *François Vauvillier,* 2006, "Nos Chars en 1940 : Pourquoi, Combien", Histoire de Guerre, Blindés & Matériel, N°74.

· *Vauvillier François,* Notre Cavalerie Mécanique à son Apogée le 10 Mai 1940; Histoire de Guerre, Blindés & Matériel, N° 75, Histoire e Collections, 2007.

· *Vauvillier François,* Le SOMUA S 40, à quelques semaines près; Histoire de Guerre, Blindés & Matériel, N° 88, Histoire e Collections, 2009.

· *Zaloga, Steven J.* (2014), French Tanks of World War Two (2): Cavalry Tanks and AFVs, New Vanguard 213, Osprey Publishing

· *White, Brian Terrence,* 1983, Tanks and other Armoured Fighting Vehicles of World War II, Peerage Books London, p.92.

· *Leulliot, N.* "SOMUA S 40 and SAu 40". France 1940. Retrieved 18 February 2013.

· *Stéphane Ferrard* (2010). "Les SOMUA de l'Ombre (I) — Le S 40 à tourelle FCM, char de la défense de l'Empire", Histoire de Guerre, Blindés & Matériel N° 89.

· *Becze C.,* Magyar Steel. Hungarian Armour in WWII (Green Series N. 4101), Mushroom Model Publications, 2006, ISBN 978-83-89450-29-6.

· *Ness L., Jane's* World War II Tanks and Fighting Vehicles: The Complete Guide, Jane's Information Group / Harper Collins Publishers, 2002, ISBN 0-00-711228-9.

· *Spasibuhov Û.,* Французские танки второй мировой войны / М. Барятинский. (Francuzskie tanki vtoroj mirovoj vojny / M. Barâtinskij), Москва: Моделист-конструктор (Moskva: Modelist-kon.

· *James Bingham,* AFV No. 36 - Chars Hotchkiss, H35, H39, and Somua S-35, Profile Publications, 1971.

· *Lucio Ceva – Andrea Curami.* La meccanizzazione dell'Esercito fino al 1943, tomo I e II,USSME, Roma, 1994.

· *Ludi, Giovanni,* Le forze corazzate bulgare. Eserciti nella Storia, N.62, Delta Editrice, Parma, maggio-giugno 2011.

· *Walter J. Spielberger:* Beute-Kraftfahrzeuge und -Panzer der deutschen Wehrmacht, 2. Auflage, Motorbuch Verlag, Stuttgart 1992, ISBN 3-613-01255-3

TITOLI PUBBLICATI O IN LAVORAZIONE

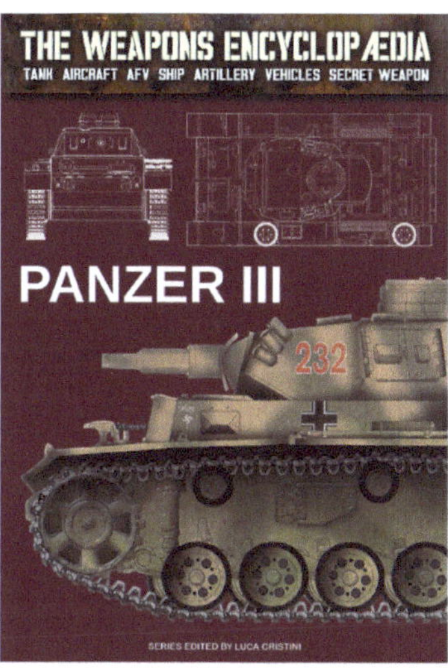

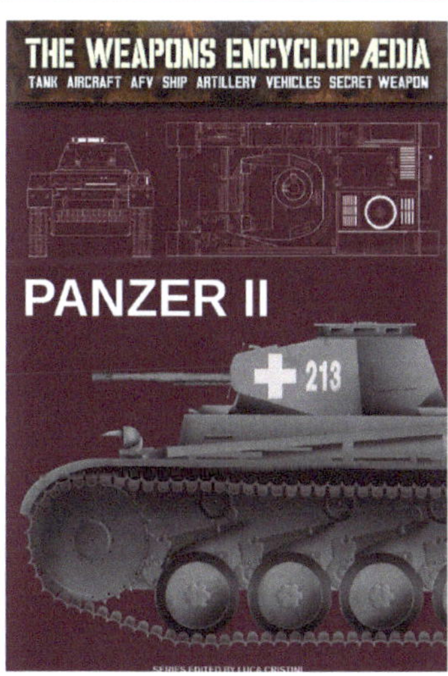

TWE-008 IT